AF407991

ALEVOSÍA.
Poesía para el tránsito

Miguel Ángel Campos Sánchez

*A Maribel Campos Pareja,
que me inculcó el amor
por la palabra escrita.*

Índice

Prefacio

Alevosía.

Dejó escrito Popper que el relativismo intelectual es el mayor de los males que aquejan nuestro tiempo. Desde que lo escribiera en 1969, tal ha sido la degeneración del primario concepto de relativismo (respeto por el otro y lo otro), que hoy exime de argumentación alguna acerca de lo que se piensa, cree o expresa. Si todo es igual, nada requiere justificación.

Alevosía.

Todo se supedita a ello. Los pensadores de la sospecha (Freud, Nietzsche y Marx), han sido leídos por dos generaciones a base reseñas y recensiones, nunca acudiendo a la fuente. Otros como Víktor Frankl, ni siquiera se leen o estudian.

Hartura.

Hartura de ver deformadas obras intemporales hasta hacerlas irreconocibles; y cansancio: tan cansado de saberme superado por la tarea intelectual, que me conformo –a veces– con aceptar la deformada presentación y mostrar su absurdo.

Alevosía.

La idea propia no necesita salir de sí para buscar su justificación en ese mundo que todo lo acoge con igual mimo, sino que la idea ha de hallar su bondad –o no– en la idea misma, según sea su pertrecho de razonamiento.

Alevosía.

El poeta –acaso mediocre, acaso yo mismo– ha de cantar a la vida, al amor, a la naturaleza y a los olores y colores del metro de Paris; pero también a su tiempo, colocando su arte a disposición de la mejora del mundo. Lo que va de artista a intelectual. No puede ser el poeta preso de sus letras sino que estas deben tener la vocación expansiva de conquistar el mundo con el solo arma de la tinta misma. Con Benedetti, «cómo voy a creer –dijo el fulano– que el universo es una ruina, aunque lo sea, o que la muerte es el silencio, aunque lo sea.»

Alevosía.

Como traición consciente y deliberada a mi generación, que decidió que, habiendo sido conquistados los valores de libertad, justicia e igualdad por otros, acaso resulte inútil adquirir compromisos intelectuales. Todo está seguro y conquistado y, como en el tango que compuso Enrique Santos Discepolo y cantó por vez primera Sofía "La Negra" Bozán, «todo es igual, nada es mejor».

Culpable.

Alevosamente me rebelo y con la nocturnidad propia de quien le arranca la poesía al sueño, escribo un poemario comprometido más con el *pensar* que con lo *pensado.* El relativismo intelectual no puede ser combatido con su absoluto, por lo que espero, enfrentado a mi error, con nueva tinta deshacer lo escrito.

Verano, 2022.

La Pugna

Tan lejos busqué –y hallé– mi horizonte,

distante de aquél que un día fui;

soñando los sueños de un mundo insomne

vigilia arrogante a fuer de pueril.

Tanto reía la risa del hombre

por ser risa la risa y reírla, fin

que riendo obvié la muda hecatombe

de vivir y sentir y reír por mí.

–Cosechaste... ¿qué, falaz Epicuro,

si ni el humilde cardo brotó nunca

ausente la luz de un terruño oscuro?

Invisibles, luz y negrura pugnan;

legiones habitan tal inframundo

y son ajenas a tan a muerte lucha.

El Cínico

Vulgares; tan vulgares por lo vacuos.

¡Maltratado pertrecho de cinismo,

coraza frente a pensamientos fatuos

y fiable dique! No me contamino.

Yo soy yo y mi estudio y mi pasado arduos...

tú eres tu esforzado provincianismo.

Tú: la marioneta que ansía aplausos.

Y yo: ¡ja!, quien gobierna tus hilillos.

En fin: soy, puedo y tengo lo que anhelo...

¿Crees ser, poder y tener más allá

de aquello que rebosa y te lo dejo...?

¡Acude, Diógenes, presto, sagaz

frunce –y mantén– solemne mi entrecejo

ahogando un rebelde... ja, ja, ja, ja!

El buen sufrir

¡Cómo anhelo gobernar el espejo!
Fedatario incorruptible: verdad;
que devuelve mortecino el reflejo
de mi rostro cada día; puntual.
Y ordenarle firme, sin complejos
que mienta, sea torticero y falaz,
que a mi madre se le antoje lejos
la Parca que ya amaga con llegar.
Y sea mi tez como es mi alma:
vendaval, rectilínea y valiente;
que rasga la negrura con su llama;
pues quiero que la irrefutable muerte
si aun de tanto correr, me alcanza,
me halle mirando a mi madre, sonriente.

Un Misionero, en la barra de un bar

«Sólo creo en lo visible, medible;

que resulte mensurable, real»

–dices–, y me ves pasar lo indecible

renegando del *soy* por un *será*;

y aun sabiendo mi dicha muy tangible,

muy científica, probada –dirás–

reniegas de esta fuerza que hace libre

por ser de origen sobrenatural.

Una sonrisa que fue suficiente;

o aquel aborto que ya no será;

quizá la pléyade de dientes fuertes;

o inmundas cárceles de par en par.

Esperanza, paz, salud simplemente.

Mi fuerza no es mía y existe: ¡mídela!

Pasar sin Pesar

Ciencia es que el lobo de mi niñez

hizo presa en la madurez, que es liebre.

Ciencia es, que mi albedrío no fue

–no puede ser– *libre*, sino pesebre:

donde abreva el pudo ser y no es

y fenecen las torpes ganas breves

de salir, y vivir y por mí, ser.

Es ciencia el sentido de la corriente.

Mi inmutable devenir predicho…

¿Por qué torcer de la cuna el designio

que es sentido de mi vida hasta el nicho?

Renuncio –pues– a mi albedrío nimio.

Pues ciencia es vivir como yo vivo:

más que vivir, pasar, siguiendo el río.

Acabar (o no)

Morir se muere; y el morir se entiende
como epílogo propio: finitud.
El caído que aprendió ya no aprende;
el necio, ya no hallará virtud.
¿Pero muere quien la vida trasciende,
por ser para lo yermo puro azud,
como el fatuo que hasta muriendo ofende
y es su fin alivio ajeno el ataúd?
No mueren igual. Quien fue fértil, recto
y fue bálsamo, y noble e inspiró,
no será vivo: ni tampoco muerto.
¡Erraron! Levanto mi humilde voz:
¡al ruin, al tirano y al dilecto
no los iguala la muerte!... Ni Dios.

La Sangre y su Fluir

Por no morir decidí desangrarme.

Tanta carga, menos espalda; caí.

Un pozo sin fin de hondura, inane.

Una forma –como otra– de partir.

Pero al fin, me aventuré a desangrarme.

La sanguínea espesura y su fuir,

Y la plena conciencia en su derrame

Regresaron el sentido y el sentir.

Negra pintan la muerte... ¿y la vida?

Nunca negra. Azul, verde esperanza...

¡Como si negra no fuera la tinta!

Negra es mi sangre y su fluir, restaña

y mi vida pura policromía

desde que supe que la tinta, salva.

El "Buen" Padre

Buen esposo; mejor padre; devoto.

Fiel amigo; amable y abnegado.

Educado; sin deslices –o ignotos–.

Blanca estampa; negra entraña. Tirano.

Nacer marca, señala: listo o tonto;

albedrío libre condicionado.

Lo bueno y bello se adivina pronto;

la elección es cosa del ser humano.

Se ufana de saber, de su elegir:

directo al éxito (sin curvas, átono).

Mata – finge – ignora – triunfa al fin;

eficaz filosofía de plomo

que es armadura y daga y fusil:

«familia, vivo y hago por vosotros».

La Víctima

«Nada acabo, ni culmino, ni enfrento;

pero anhelo acabar; finalizar.

No creas: terminar cambiando es mi sueño.»

–Y soñando distraes el realizar.

«No me juzgues más. Si quiero y no puedo,

pues mis genes, mi psique o el azar

me hicieron (hacen) un ser imperfecto...

¿es mi culpa agotarme en el soñar?

Más diré: de mi pasado soy víctima,

que traiciona, condiciona y es yugo.

¿Acaso no ves mi libertad nimia?

Cruel de ti que me tratas de verdugo.

Reniego de ti, de tu empatía ínfima;

no me obligues a escribir mi futuro».

Perdido

Tras muchas lecturas, charlas y ciclos;

retiros, Gestalt, bayas de goji,

soja y jarabe de arce por litros;

Y hacerme vegetariano, luego yogui,

tántrico y discípulo de Mefisto,

y meditar hasta quedarme grogui,

y saberes nuevos, viejos y mixtos,

y equino terapia paseando un poni...

Pero fue en una siesta de melisa

con su tila, espino blanco y su roibois

que me dije: «muchacho, de esta guisa

no sé lo que *es*, ni sé lo que *fui* ni *soy*.

Ya atrás ya las herbáceas fui mi dicha,

simplemente, al que me llama decirle *voy*.

La Cruz

Al poeta José María
Álvarez de Sotomayor
(† 1947)

Infarto; mi oficina; dolor; clavo.

Cada tanto, un recuerdo y su punzón

apuñalan este mi domingo falso:

vuelta al garrote vil de mi sillón,

la madera noble de mi cadalso;

librería de teca. Paredón.

Miradas que exigen, ¡exigen tanto!;

de la muerte –y eterno– corredor.

¡Qué bien lo sangró el lejano poeta

en boca de un hombre inculto y cabal!

Que rasgando vida en tierra muerta,

arrancando el verde al pedregal,

gritó mi grito con su propia letra:

cruz. Trabajo. ¡Crucificadme ya!

La Traición

Mi mente buscó siempre en pos de mi alma,

mi alma expulsó al que fuera mi Dios;

dios permitió la traición y su carga.

Ya cargo la levedad de mi yo.

Fue desasirme de la moral rancia

«¡marchitos, atávicos dogmas, nooo…!»

y caer suave el peso del ancla

maroma segada: un mundo sin Dios.

Navego libre, sin peso, ufano;

aun sin mástiles, velas ni timón

pues sólo quiero el gobernar humano;

sin principios, ni final, ni perdón;

sin pasiones, ni Fragua, ni Vulcano

sin rumbo, sentido o dirección.

La Elección posible

En el surco arado sobre tierra yerma;

en el jarrón pintado con primor;

en la sutura de la carne abierta;

en la silla que empuja el celador.

El alegato en justa defensa;

la palabra en negro del escritor;

la suerte vendida en la esquina a tientas;

la enseñanza y guía del profesor.

Cabe en cada cosa, obra y acción,

en el quehacer levísimo o profundo

lo que cabe dentro de un corazón.

Obrar se puede para sí, o el mundo.

Sólo por *gloria* o por obligación:

lo que va de estafermo a Poseidón.

Zoroastro

El muy sabio te trató de camélido
Zoroastro te sedujo con su fe:
voraz León que repta como anélido.
Ídolos de barro; más aún, sin pies.
Ya todo asolado, yermo, gélido...
¡Un mundo nuevo y entero por hacer
sobre el basamento ausente o famélico,
sobre el vacío de lo que fue y no es!
[...] He aquí tu obra lograda; aparente.
Superhombres, sobredosis de «yo»
quiebran la espalda de la muda gente.
He aquí tu obra lograda, indecente:
superhombres carentes de interior
esgrimen su lema: «muerte por muerte».

Contar, contar, contar...

El relato la dota de coherencia.

Sin previa y total constancia de vida

no podrá –si quiera– la terca ciencia

hallar la muerte ni en la muerte misma.

Sin re–vivirla no existe vivencia.

Como no habrá sentido de la vista

cuando la luz cegadora se encienda

o mi candil se caiga y se haga trizas.

Contar guía, despereza y alumbra;

narrar descubre a la impostora prisa:

debe y puede haber relato sin tumba.

Erraste. No me encandiló tu risa:

¡Que no es vivir para contar la tuya

sino contar para poder vivirla!

A mi Hijo Javier

Y si de temblar se apaga mi llama;

y si el perro negro, como solía,

insiste en el rebujo de mi cama

y ya nunca más regresará el día...

Y si al subir, dudo y el miedo me baja,

y si el faro firme que yo creía

tenía cimientos de barro y paja

y se derrumba encima de mi poesía...

[...] Entonces, lento, miraré hacia abajo

buscaré con mi mano su tersura

y el perro negro huirá desnortado.

Y será su incipiente dentadura,

su risa y hasta su dedo morado

mi faro, mi lumbre y mi arboladura.

La Vergüenza

45

A esa chiquilla, funámbula quieta

que ni llora ni avanza; permanece.

A esa chiquilla de horas desiertas

repletas del mal que aprieta y que vence.

A esa chiquilla que nació despierta

mamá Jezabel se empeña y la duerme.

A esa chiquilla, falaz cenicienta

Atalía le cuida el alma inerme.

Mi llanto por ti es sincero. Insonoro.

Pero inútil, vacío, ruin, cobarde.

Pues llorar es llorar y sólo lloro.

Tu llanto es por mí, por todos, por nadie

por quienes mantenemos el decoro

para que a los trapos no le dé el aire.

El Dios-León

Sobre ti cabalgo, voraz León

y grito «¡falso!» a cuanto «debe ser»

y señalo y ordeno «¡al paredón!»

y gozo al devorarlo tú, después.

¡Oh, Dios–Felino…! Te señalo a Sión

y todo cuanto reverbere fe,

pues tu ágape contra toda invención

me sacia y me rogocija, también.

¡Oh, no habrá descanso, mi Dios–Felino

mientras no se humille el último ideal

y nazca ya muerto el recién nacido…!

[…]

[…] Escucha, León, se oye gente gritar…

¡Están alzando, ladrillo a ladrillo

las ruinas que fueron su libertad!

Como el Perú

A Mario Vargas LLosa

¿En qué exacto momento me jodí...?

O me jodieron..., que sólo en la réplica

de mi vida fue cuando lo advertí;

que me enseñaron correcta aritmética:

primero sumar, luego dividir;

y resulta que ahora la recta ética,

la del sabio con cátedras sin fin

considera la suma cosa herética.

¡No mientan! ¡no me aparto del dolor

ni reniego, ni le temo al sufrir

ni quiero las dádivas del felón!

Déjenme calcular ¡y hasta parir!:

sólo con vástagos y su adición

habrá sumandos con que repartir.

Subir por Subir

Sólo cuando la roca arañe mi piel

o se queje el enebro y el tomillo

del andar errático de mis pies

tallando la herida nueva que escribo.

Y cuando el hielo –traicionero y fiel–

y la noche preñada de astros vivos

me regresen lo mucho que se fue:

las certezas de cuando era chiquillo.

Seré entonces lo propio, cierto y real,

abarcando mi mente el universo

que me alumbra el bien que me hizo el mal.

Veré un abismo de vida. Tal cual.

Amnésico de agravio, ira y miedo.

Y en mi pecho habrá nacido un rosal.

El Mendigo de mi Calle

Le veo caminando sobre cristal,
seguro que ayer roca hormigonada,
simulando un espíritu trivial
mientras desangra su estima vejada.
Camina herido con aire marcial
planchada su guerrera muy ajada,
convertida su alma en escorial
de yerros, faltas; remotas, pasadas.
Pasan los años –y también los suyos–
leyendo con tímida petición
de limosna, conversación o arrullo.
Pasamos hombres, mujeres, legión...
raudos; «buenos días», un murmullo;
y su perro merece compasión.

Griterío del Científico Loco

La vida subdivida en regiones.

Frontotemporal, reptiliano o límbico.

Cerebro –o mente– en sesudas porciones;

el *ser* con su mapa, folleto o tríptico.

Grandes los sabios; más las tentaciones

de creerse dioses por cercar lo críptico,

por presentar el *ser* en ecuaciones,

hormonas, sinapsis, enlaces, lípidos.

¡Advierto contra el exceso fatal...!

¡Contra el excesivo determinismo!:

al fin, ser y simio en pie de igualdad;

ya estamos maduros para el nazismo.

Hombre. Hembra. Mono. Simio. Da igual

ser sólo animal que «ser uno mismo».

La Fiel Negrura

Fueron –son– quinientas noches sin día,

ciénaga inmóvil sin cielo ni azul.

Peso imposible, voluntad ahíta:

prisión y firmamento de pradul.

Son –serán– muertes sin fosa ni pira

vela ni *lástima de juventud;*

viuda ni madre de luto vestidas

curas morados ni togas de tul.

Con todo su peso la levedad

a su convén dobla lo que era hierro

pero nunca lo quiebra de verdad.

Cadáver errante en busca de entierro

con su estrépito de soledad;

muerte diaria de perro callejero.

Pena y Furia

A menudo vinieron sibilinos.

Como el vencejo, que falta y, luego, no.

Como el cuclillo que usurpa otro nido

y oculta sus dotes de enterrador.

Ni consturas en sus sayas de lino

ni humildad en su aire sabedor:

que el Sabio no da marmitas de olivo

cortadas con la daga de Zedong.

¡Estallido...! El miedo busca aliados

para, meciéndolos en su vaivén,

 aturdirlos y que sean bienmandados

ciegos a los promiscuo del poder.

Esta vez los trajo el ruido, encelados,

y satisficieron su verriondez.

Herejía

–Aclárame, Job. ¿Digo bien diciendo,

asumo el riesgo de blasfemia bíblica,

que tu Dios fue, es y seguirá siendo

omnisciente a la luz de la Hermenéutica?

–Dices bien, Pablo. Tu verbo es dilecto;

más conozco bien Su prueba frenética,

su castigo infligido con acierto,

su mirada total por amor límpida.

–¿Más cómo se conjuga la omnisciencia,

en lo que al pecho humano se refiere,

con la libertad, que es evidencia,

nos confirió la Creación para siempre?

–Incomprensible es Él para ciencia

y es esquivo a la razón más prudente;

mas huye a la despierta conciencia;

trabajosa es al corazón prenderle

con ayuno, oración y paciencia.

–Y aciertas. Pero resulta evidente

que aún sabiendo conmigo su Presencia

también para Él, cierto enigma es mi mente.

La Conversación

–La física ha demostrado, incrédulo,

que lo relativo es la absolutez:

un protón, en el cuántico mundo,

se sitúa en dos sitios, a la vez.

–O sea, que el relativismo y sus deudos,

pregonando su triunfo (y su doblez)

consideran lo atómico el trasunto

de lo Alto y de la ética: memez.

–Más aún: el observador con su alquimia

incide sobre la materia vista:

¿recuerdas *el cristal con que se mira...*?

–Pues niego el «depende» relativista:

que los libros ardieran en la pira

fue un «depende» nacionalsocialista.

Liquidez

A Zygmunt Bauman
(† 2017)

Mis actos fluyen, se funden, confunden.

Tan sólo queda la corriente límpida

donde mi hacer levísimo se une

al recuento total de vidas tibias.

¡Be water! Me gritan, dicen, arguyen;

me imponen esta norma rígida

de arrojar mi ser al río que bulle;

de vivir esta, mi existencia líquida.

Y así vivimos, y nos ufanamos

de pasar sin pesar. Horizontal.

Tal leves como breves. Y erramos.

Y un día, con la urgencia del mortal

queremos tallar la hondura del fango:

Ser pesados. Ser roca. Vertical.

Al niño Aylan Kurdi

Niño kurdo que apareció
muerto en la costa turca.
2015.

¡Que quien sepa lo grite al cielo mudo

o en su homenaje las letras se ordenen!

¡Que paren las olas mientras el mundo

no sepa el nombre del niño que duerme!

¡Que quien calzase sus pies diminutos

o diese calor a su cuerpo inerme,

sin llantos de más ni efímeros lutos,

grite por fin su nombre y lo despierte!

Porque de noche las espumas turcas,

que siempre traen lo que no quiere el mar,

han dejado un fardo y una pregunta.

Que antes de rosas con su funeral,

que antes de tierra, de fuego y de tumba

ese hijo necesita alteridad.

Amor de Tango

Poema escrito en Lunfardo,
argot nacido en los arrabales de
Buenos Aires durante el siglo XIX.
Inseparable del tango.

Tú siempre enfangada en cobrar a giles,

acoquinados abrepuertas tuyos,

que a falta de bacanes con posibles

pisoteas como si fueran puchos.

Con otarios de mediopelo viles,

que a la inglesa pagan tus vicios muchos

y cimbrean a poco que los viches,

te abisagras creyéndose ojetudos.

Saber debieras que este cachusiento

con todos los pesos en el bolsillo

que de ligero se lo lleva el viento,

laburando sigue en pos de un anillo

y boqueo a todo el que está atento

que ni el oro puro tiene tu brillo.

Diccionario de lunfardo

A la inglesa: se dice de pagar cada cual una parte alícuota de la cuenta en un bar o similar.

Abisagrarse: dormir con alguien con connotaciones eróticas.

Abrepuertas: adulador en exceso.

Acoquinado: atemorizado, acobardado.

Bacán: hombre acaudalado que mantiene a su amante económicamente.

Boquear: en este contexto, hablar de más, incluso secretos.

Cachusiento: deslucido. Deteriorado. Achacoso.

Cimbrear: temblar las piernas de miedo.

Gil: infeliz, imbécil. Sin espíritu.

Laburar: trabajar en una profesión honrada.

Ojetudo: afortunado. Con suerte.

Otario: fácil de engañar. Propenso a creerse listo siendo torpe. Parecido a gil.

Pucho: colilla de cigarrillo.

Vichar: mirar de forma cuidadosa o de reojo.

Las Secas

Tengo un abrigo que espera su estreno;

Tengo un paraguas nuevo sin abrir;

Nado en un río que siempre está seco

tengo en un año ocho meses de abril.

Tuve otro río sin agua y sin nombre

a cuyo polvo volveré a morir;

bebimos un agua ruin y salobre

que vuelve las venas pétreas de zinc.

Casas planas de tejados sin teja;

hombres nudosos de sal y levante.

Nautas llorando sin regar la tierra.

Hondura en vena de polvo infame

dedos arteros gestionan la reja.

Y en la calle, olas de llanto de madre.

Recuérdame un Ápice

A la muchacha que fue

Si me descubro habiéndote olvidado

o si empieza mi vida con tu fin;

si quemo las hojas del calendario

sólo de noches contigo y sin mí.

Si gana Hefesto el combate olvidado

o nunca te absuelve mi sanedrín,

si dejo que el tiempo desmemoriado

me traiga a Granada sin Zacatín.

Retén de mí en tu memoria un ápice;

como se arrumba un sobrero en desuso

ajado por lucirlo en la vorágine.

Sea mi recuerdo, como el recluso

que en el el corredor de la muerte, exánime,

se hace eterno recordado un segundo.

Sólo la Libertad a Ultranza

Frontispicio de dignidad humana
sin tregua odiada libertad endeble,
por jaurías y sus hordas desgastada
se va quedando lisa, sin relieve.
El lodazal que la vida perviente,
purgatorio de almas acomodadas,
es el pesebre de quien no es valiente
y prefiere a lo propio, las migajas.
Libertad y valentía son lo mismo:
como hierro y carbono en el acero
que forja corazas contra el cinismo
del libertador que te quiere muerto.
¿Vas a cerrar la puerta al ultraísmo?
Antes, comprueba si lo tienes dentro.

¿Arte?

79

Heces de realismo meticuloso

junto a un casco de obra añil;

luz blanca para un páncreas canceroso

que preside la sala en su atril.

Cuarenta clavos del diez herrumbrosos

insertos en una mano infantil

y un inodoro invertido mohoso

salen de precio sobre treinta mil.

Un hacha clavada firme en un tronco

y la cara de un asesino amable;

la agonía de un viejo en varias fotos.

Crear sin liberad es insoportable

y una obra sin belleza afrentoso:

será queja o protesta, pero no arte.

Hoy, como en 1873

Remedo de la carta de
despedida al Congreso de España
de Amadeo de Saboya

«Los españoles con pluma o espada

agravan las penas de su nación;

y la desventura así perpetuada

impide a sus males la sanación».

Once de Febrero, de madrugada,

remite al congreso la abdicación

de la Corona y la España encargada

harto de suicidas por vocación.

Once de Febrero, siglo veintiuno,

se gesta la peste y su destrozo

y todos contra España de consuno.

siglo veintiuno, ataúdes de corcho

en ríos de tinta navegan mudos

y llega en los veinte un noventa y ocho.

A Mercedes, en el día de su Santo

Empecé con el romance
–que siempre me fue ligero–;
lira, redondillas y silva;
y hasta el pueril quinteto.
Devanándome los sesos
torpes a falta de sueño,
y a deshora –que es mi hora–
cuando me encuentro yo pleno
aparece la verdad
que debí haber supuesto:
que decirte lo que quiero
sólo cabe en un Soneto.
Se requiere Arte Mayor
–con mil esfuerzos y aprietos–
para que quepan las letras
huérfanas de almohada y genio,
 que en esta negrura espesa
me alumbran con un te quiero.

Mirada férrea a fuer de límpida
indómita al odio, rencor o ira
capaz de arder con fulgor de pira
entregada al milagro de la vida.
Es tu tez altanera; guarnecida;
tu mirar tan hiriente si se mira
pues hiere de no conocer mentira:
contrapunto al lenguaraz de tu vida.
Quiero decir con ello, decir tanto,
que ni el soneto esforzado ha podido
lo que pudiera mi silente llanto:
que no me falta, ni pierdo, ni olvido,
y con ella conjuro horror y espanto,
mi conciencia plena de ser marido.

Tu angustia

Si poder tuviera sobre tu sien,

el pesar que amorata su latido

para mí entero lo quisiera bien

si mi pena nueva fuera tu alivio.

Si acompasando pudiera después

tu latir frenético con el mío

el corazón me lo ajara al bies

para quitarte un pálpito excesivo.

Que ya no somos los niños de ayer

aunque el fuego crepite sin rescoldos;

lo de hoy es amor, ayer fue querer.

¡Sabed que antes que llegue mi otoño,

que a vosotros hijos de Lucifer

la muerte me trae en andas, sulfuroso!

Rarezas

Paloma blanca en la guerra.

Ciprés sin tumba ni sombra;

niño de traje y corbata.

Los besos de amor se cobran.

Ave que vuela en su jaula;

agua que llega al mar, sobra.

Penes azules enhiestos

en cerebros sin memoria.

Clavel con tallo de espinas;

Misa del Gallo a deshora;

Satánicos crucifijos.

Héroes dan pena sin gloria.

Muros por la libertad;

Detectores de verdades.

Sesudas mentes lectoras

de videos de vanidades.

Puteros de misa a las seis.

Pensiones con andador.

La niña de pechos falsos

y papá es muy protector.

Calvos de pelo ondulado;

amor eterno hasta las diez.

Trabajadora incansable

la clientela del burdel.

Invitaciones con IBAN

a bodas de porsiacaso;

la segunda juventud

es a base de antiácidos.

Nota biográfica

Miguel Ángel Campos Sánchez nació en Albox (Almería) el 27 de septiembre de 1977, en una familia que pudo darle mejor niñez que la que ellos habían tenido. Se licenció en Derecho por la Universidad de Granada y es abogado en ejercicio desde hace dos décadas; especializado en Derecho Público, combina el ejercicio libre de la profesión con la dirección de los servicios jurídicos de diversas administraciones locales. Ha publicado varias obras de temática jurídica y su inquietud intelectual le llevó a doctorarse en 2017 en su universidad de siempre, habiendo obtenido la máxima calificación.

Ganador de varios premios literarios en su primera juventud, la creación poética ha sido una constante en su vida e íntima liberación ante la fría creación científico-jurídica.

Entre otras muchas en revistas nacionales, sus principales publicaciones jurídicas de ámbito nacional e internacional son: Revista Iberoamericana de Derecho Local (2016). Artículo: *Sobre la Colaboración Público-Privada: una Propuesta para Ambas Orillas del Atlántico* y, como monografía, es coautor de la obra de referencia *Espectáculos Públicos, Actividades Recreativas y Establecimientos Públicos, tras la Directiva de Servicios*. 2011. (Editorial La Ley).